LA THEORIE

DES

JEUX DE HASARD,

OU

ANALYSE

Du *Krabs*, du *Passe - dix*, dè la *Roulette*, du *Trente & Quarante*, du *Pharaon*, du *Biribi & du Lotto.*

PAR P. N. HUYN.

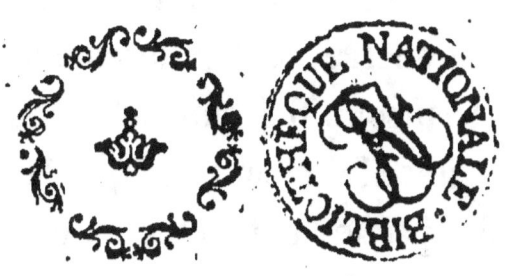

M. DCC. LXXXVIII.

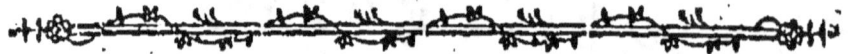

THEORIE

D'ES JEUX DE HASARD.

Il y a trois efpeces de jeux : les jeux d'adreffe, les jeux de commerce & ceux de hafard. (*) Les premiers ne peuvent être d'un goût général, parce qu'il faut, pour y réuffir, des difpofitions phyfiques que la nature n'a pas accordées à tout le monde.

Les légiflateurs qui ont profcrit les jeux de hafard n'ont point atteint le but qu'ils s'étoient propofé. En effet les maux qu'ils ont voulu prévenir réfultent auffi fouvent des jeux d'adreffe & de commerce, particulierement dans les endroits où beaucoup d'étrangers fe raffemblent. Le jeu y eft néceffaire pour occuper leur défœuvrement, & des parties publiques foumifes à l'œil vigilant de la police, y entraînent moins d'inconvéniens que celles où ils fe trouveroient à la merci des Grecs qui fe portent en affluence dans ces

---

(*) Quelquefois d'un jeu d'adreffe, l'ignorance des deux joueurs en fait un jeu de hafard ; & quelquefois auffi, d'un jeu de hafard, la fubtilité d'un des joueurs en fait un jeu d'adreffe.

4 THEORIE DES JEUX

rendez - vous , avec l'intention de faire des dupes.

Les jeux ont été inventés pour fervir d'amufement & de délaffement. Il n'eft aucun plaifir qui n'occafionne quelque dépenfe. Confidérés fous ce point de vue , les jeux de hafard , fi l'on en ufoit avec modération, deviendroient les plaifirs les moins coûteux. Je dis plus : il n'y a point de frais à payer aux jeux de hafard ; dans les jeux de commerce & d'adreffe , c'eft une charge qui pefe fur les joueurs. Aux premiers le ponte connoît fon défavantage qui eft le même pour l'homme d'efprit, que pour l'imbécille. Celui-ci, aux jeux de commerce, eft toujours la dupe de fon adverfaire, ainfi que l'honnête homme l'eft de celui qui a de l'aftuce ; il eft rare que dans les jeux d'adreffe ou de commerce deux joueurs foient de force égale, & le moindre dégré d'infériorité donne, à la longue, un défavantage inappréciable au plus foible.

Il exifte plufieurs écrits contre les jeux de hafard ; mais la plupart ne font que des déclamations outrées, peu propres à perfuader & à inftruire ceux qui s'y livrent par une cupidité mal entendue : malgré la lecture des malheurs occafionnés par la paffion effrénée du jeu (*), il eft peu de commençans à qui l'amour-propre ne faffe croire qu'ils feront plus fages, plus heureux ou plus adroits que ceux qui les ont précédés dans cette carrière. Il faut leur prouver par des démonftrations qu'il eft non feulement impoffible de gagner à des jeux inégaux, mais qu'au contraire il faut y perdre.

J'établis dans cet ouvrage la Théorie des jeux qui font les plus fuivis, & j'y démontre les défavantages que chacun d'eux a pour les pontes. Ils en tireront cette conféquence qu'on ne doit jouer que pour s'amufer, & qu'en ce genre toute fpéculation intéreffée eft fauffe.

(*) La paffion du jeu eft une des plus funeftes dont on puiffe être poffédé. L'homme eft fi violemment agité par le jeu, qu'il ne peut plus fupporter aucune autre occupation. Après avoir perdu fa fortune, il eft condamné à s'ennuyer le refte de fa vie.

REFLEXIONS

Sur ce que l'on nomme bonheur au jeu.

La fuppofition du *bonheur* de tel ou tel joueur eſt une abſurdité. Parce qu'il aura longtems ou ſouvent tenté la fortune avec ſuccès, on ne doit point en conclure qu'il réuſſira toujours. On peut dire qu'il a été heureux, mais non pas qu'il l'eſt. Son prétendu bonheur peut l'abandonner dans l'inſtant même.

La chance n'a pu être la même pour tous les individus. Elle aura varié dans ſes diſtributions de même qu'on le remarque dans les effets que le haſard produit au jeu. Voici comment je conçois la choſe: Suppoſez une galerie nombreuſe; en la diviſant par claſſes, il arrivera qu'un joueur aura gagné beaucoup tandis que deux autres n'auront gagné que moitié moins chacun que le premier; quatre autres que moitié moins chacun que les deux de la ſeconde claſſe, & ainſi de ſuite, en rétrogradant & finiſſant par celle des malheureux. De ſorte que le très heureux & le très malheureux ſont deux extrêmes & que le plus grand nombre ſera de ceux dont le gain & la perte ſe feront balancés.

Cette égalité de compenſation des perdans aux gagnans ne s'entend que d'un jeu où il n'y auroit point de déſavantages à ſupporter ; s'il y en a, la ſomme des perdans doit être plus forte que celle des gagnans ; puiſque pour conſtituer l'avantage d'un banquier (*), il faut ôter au gain & ajouter à la perte, dans une proportion relative à la force de cet avantage, à la rapidité & à la durée de la circulation ; en ſorte qu'à force de retrancher ſur les gains & d'ajouter aux pertes, le réſultat final ſera qu'il ne ſe trouvera plus que des perdans.

(*) De même qu'il n'y a aucun genre d'amuſement qu'il ne faille payer, il eſt juſte que celui qui tient une banque publique, ait un petit avantage, puiſqu'il ſe charge de tous les frais du jeu. Si on trouve qu'il gagne quelquefois trop, c'eſt de la faute des joueurs eux-mêmes qui, au lieu de jouer peu par amuſement, jouent gros par avarice.

LE KRABS.

Jeu anglois: Se joue avec deux dés, qui produisent les trente-six variations suivantes.

1 maniere de faire deux .	1. 1.		5 man. de faire huit. . .	2. 6.	
				6. 2.	
2 man. de faire trois . . .	1. 2.			3. 5.	
	2. 1.			5. 3.	
				4. 4.	
3 man. de faire quatre . .	1. 3.				
	3. 1.		4 man. de faire neuf . . .	3. 6.	
	2. 2.			6. 3.	
				4. 5.	
4 man. de faire cinq . .	1. 4.			5. 4.	
	4. 1.				
	2. 3.		3 man. de faire dix. . .	4. 6.	
	3. 2.			6. 4.	
				5. 5.	
5 man. de faire six . . .	1. 5.				
	5. 1.		2 man. de faire onze . .	5. 6.	
	2. 4.			6. 5.	
	4. 2.				
	3. 3.		1 man. de faire douze. .	6. 6.	
6 man. de faire sept . . .	1. 6.				
	6. 1.				
	2. 5.				
	5. 2.				
	3. 4.				
	4. 3.				

Celui qui tient le cornet annonce le point fur lequel il veut faire rouler le jeu: cela s'appelle donner la chance. On ne donne que depuis cinq jusqu'à neuf. (*)

(*) Il n'est pas d'usage de donner 4 ou 10 à la main, parce que personne ne couvriroit la mise, vu que le joueur auroit un avantage de 36 sols par louis.

Si du premier jet, le joueur amene le point qu'il a nommé, il gagne, & comme il faut également qu'il puiffe perdre, il y a des Krabs qui tiennent lieu de l'autre chance qui n'eft pas encore connue. (*) Si l'une des deux chances arrive, le jeu finit du premier coup; finon, tel dé que le hafard produife, devient le point correfpondant de celui que le joueur a donné ; alors le jeu tourne en ce que le point qui étoit pour lui lors du premier jet, devient celui de fon adverfaire.

Le fond du jeu n'eft point égal, ainfi que la plupart de ceux qui le jouent fe l'imaginent. Celui qui tient le cornet a toujours du défavantage.

A cinq & à neuf à la main, la proportion exacte eft de 1396 pour & de 1439 contre. Il en réfulte qu'à enjeux égaux le défavantage eft de 7 f. 3 d. $\frac{23}{63}$ par louis.

A fix & à huit à la main, la proportion eft de 6961 pour & de 7295 contre; le défavantage eft de 11 f. 2 d. $\frac{94}{99}$ par louis.

(*) Les Krabs n'ont lieu que pour le premier jet & font comme il fuit : les chances de 5 & 9 à la main ont contr'elles 2, 3, 11 & 12 ; celles de 6 ou 8 à la main ont contr'elles 2, 3 & 11 & pour elles 12 ; celle de 7 à la main a contr'elle 2, 3 & 12 & pour elle 11.

A ſept à la main la proportion eſt de 244 pcur & de 251 contre; le déſavantage eſt de 6 ſols 9 d. $\frac{5}{11}$ par louis.

En ſuppoſant un joueur qui donneroit toujours à la main, la chance que le haſard produiroit, ſon déſavantage, d'après les proportions ci-deſſus, ſeroit de 8 ſ. 9 d. $\frac{33055}{45736}$ par louis.

Les paris de proportion ſe font comme il ſuit :

Lorſque la chance			Lorſque la chance		
eſt 4 à 5 on parie	3 contre	4	eſt 7 à 8 on parie	6 contre	5
4 à 6 . . .	3 . .	5	7 à 9 . . .	3 . .	2
4 à 7 . . .	1 . .	2	8 à 5 . . .	5 . .	4
4 à 8 . . .	3 . .	5	8 à 6 . . .	égal.	
4 à 9 . . .	3 . .	4	8 à 7 . . .	5 contre	6
5 à 6 . . .	4 . .	5	8 à 9 . . .	5 . .	4
5 à 7 . . .	2 . .	3	9 à 5 , . .	égal.	
5 à 8 . . .	4 . .	5	9 à 6 . . .	4 contre	5
5 à 9 . . .	égal.		9 à 7 . . .	2 . .	3
6 à 5 . . .	5 contre	4	9 à 8 . . .	4 . .	5
6 à 7 . . .	5 . .	6	10 à 5 . . .	3 . .	4
6 à 8 . . .	égal.		10 à 6 . . .	3 . .	5
6 à 9 . . .	5 contre	4	10 à 7 . . .	1 . .	2
7 à 5 . . .	3 . .	2	10 à 8 . . .	3 . .	5
7 à 6 . . .	6 . .	5	10 à 9 . . .	3 . .	4

Il ſe fait auſſi nombre de paris, tels que l'arrivée d'un dé de préférence à un autre comme quatre avant dix, cinq avant neuf, huit avant ſix. Ils ſont égaux, en ce que l'un peut ſe produire d'autant de manieres que l'autre.

On peut parier pour deux points réunis contre un ſeul, lorſqu'il peut ſe produire d'autant de manieres que les deux autres enſemble, tels que quatre & dix avant ſept.

On parie auffi cinq avant huit, cinq avant fix, neuf avant fix, neuf avant huit; mais comme huit & fix ont pour fe produire une maniere de plus que neuf & cinq, lorfque les premiers fe font par un doublet le coup eft nul. De même lorfqu'on parie 7 avant 6, & 7 avant 8, fi le point de 7 fe fait par fix & as, & fix & huit par le doublet, les coups font nuls.

On fait quelquefois des paris fur la maniere dont un point fera produit par exemple; fi le point doit être huit, l'un des joueurs peut parier pour 6 & 2, & l'autre pour 5 & 3; mais on ne pourroit point mettre en oppofition l'une de ces deux manieres avec 4 & 4, parceque celle-ci eft fimple, & que les deux autres font doubles.

A cinq ou neuf à la main il y a huit contre un à parier qu'on ne *niquera* pas. (*)

A fix ou huit à la main il y a 5 contre 1.

A fept à la main il y a 7 contre 2.

On pourroit parier 1 contre 2 qu'en donnant fept à la main ce fera fini du premier coup, & 2 contre 1 que fi c'eft fini du premier coup, ce fera en faveur de celui qui tient pour.

(*) On appelle *niquer* lorfque le joueur gagne du premier jet en amenant le point qu'il a nommé.

Il eſt généralement reçu que tout argent perdu injuſtement eſt dans le cas d'être réclamé, même longtems après ; ainſi les paris qui n'auroient point été tenus dans les proportions détaillées ci-devant ſoit pour ou contre ſont injuſtes & leurs effets nuls.

Il faut beaucoup d'attention, tant pour faire ſon jeu que pour éviter de faire faute, (*) parce que cela emporte la perte du coup. J'en ai vu juger pluſieurs, les uns avec trop de rigueur & d'autres très injuſtement. On ne doit tenir pour faute que ce qui pourroit donner lieu à une ſurpriſe, & même l'équité ſembleroit exiger qu'on uſàt d'indulgence envers celui qui tient le cornet à r aiſon du déſavantage qu'il a à parier pour, (**) & qui eſt encore augmenté par les frais de paſſe qui ſont à ſa charge.

(*) Il ſeroit à ſouhaiter que la régle fût de jetter les dés franchement, c'eſt à dire tout d'un tems & qu'ils roulaſſent ſur la table ; pour lors, il n'y auroit jamais de faute. Autrefois les paris ſuivoient le ſort du jeu ; cela ayant paru trop injuſte, on eſt convenu que les fautes ſeroient perſonnelles. Peut-être a t-on craint qu'un joueur de mauvaiſe fui ne le fît exprès pour, en perdant d'un coté, faire gagner des paris oppoſés dans leſquels il ſeroit intéreſſé. Malgré cette réforme, il reſte encore un objet de ſpéculation en ce genre, en rendant nul un pari déſavantageux ; c'eſt pourquoi il ſeroit prudent de ne jouer ſéparément à fond de jeu qu'à proportion de ce que le joueur y a lui même.

(**) Il y a environ ſept & demi contre un à parier qu'on

Je ne connois que trois circonftances où le coup doive être tenu pour faute.

C'eft lorfqu'au lieu de lancer les dés franchement on les pofe couverts par le cornet, & qu'on le fouleve de côté ou d'autre. Il fembleroit que pour que ce fût une faute il faudroit que les dés euffent pu être vus; mais comme on ne peut juger de la hauteur dans la viteffe du mouvement ni déterminer l'élévation fuffifante pour cela, & enfin qu'il n'y a ordinairement qu'une partie de la galerie qui foit à même d'en avoir vu l'effet, la fûreté générale exige qu'il n'y ait point d'exception. Cette circonftance eft faute, parce qu'il peut en réfulter la tromperie fuivante. Ayant vu les dés le joueur de mauvaife foi les laifferoit ou les retourneroit s'ils étoient contraires foit à lui-même ou à fes affociés, par lefquels il pourroit être prévenu par un fignal. Ne vit-on que les faces de côté, il fuffit d'être un peu calculateur pour fentir qu'on peut déterminer, à quelques chances près, le point qui peut être en haut.

Ramaffer un dé qui eft déjà forti du cornet,

---

ne paffera pas trois fois de fuite, tandis qu'à tout autre jeu dont les coups font égaux, il n'y a que fept contre un.

pour le rejetter de nouveau, eft faute ; parcequ'on peut fuppofer que le joueur ne fait cela qu'à caufe qu'il lui eft contraire.

Lancer le fecond dé contre le premier de façon qu'ils fe mêlent (*) eft faute par la même raifon que je viens de dire.

Le marqueur peut empêcher qu'on ne faffe faute, fans que perfonne puiffe le trouver mauvais, foit en inftruifant ou en prévenant le joueur, furtout lorfque celui-ci fe met en devoir de ramaffer le premier dé qui peut être remis en place, à moins qu'il ne foit déjà rentré dans le cornet : pour lors la faute exifte.

Il eft du devoir du marqueur d'annoncer la faute & de déclarer le coup nul ou perdu afin de garantir les joueurs peu inftruits de toute fupercherie.

Les fautes doivent être punies fur le champ. Si on en a paffé une & qu'on ait rejoué après, on ne peut plus y revenir, de même qu'au trictrac une école ne peut plus fe reprendre après coup.

Dans le cas où le marqueur comprenant mal l'intention ou l'ordre du joueur, annonceroit une autre chance, c'eft à celui-ci à le reprendre

_____

(*) Le dé retourné ou trop fenfiblement pouffé hors de fa place par le fecond dé, eft réputé mêlé.

avant que de tirer le fecond point du jeu, fans quoi l'annonce du marqueur prévaudroit ; la raifon en eft que l'erreur peut également être favorable comme contraire au joueur, & qu'on pourroit le foupçonner de faire naître une équivoque à deffein¹, afin d'adopter enfuite le point qui lui conviendroit le mieux.

Le jeu ayant d'abord été bien marqué, fi le marqueur fe trompoit dans la continuation l'erreur peut & doit être rétablie.

On ne peut changer de dés pendant la durée d'un coup ; de forte que, fi après avoir nommé la chance on prenoit d'autres dés, il faudroit la nommer de nouveau. Le feul cas d'exception eft, fi un dé venoit à fe caffer par la violence du jet ; rien ne pourroit empêcher qu'on en fubftituât d'autres.

Si, au milieu d'un coup, on s'appercevoit qu'un dé fût faux ou affez mal fait pour ne pouvoir continuer avec, le jeu feroit nul ; parce que fi le dé n'étoit pas bon pour continuer, de même il ne pouvoit être bon pour commencer.

Il n'y a que le joueur & ceux qui font contre dans le fond de fon jeu, qui puiffent valablement barrer le coup; parce que le jeu étant cenfé leur appartenir, il n'y a qu'eux qui puiffent en difpofer. Le jet eft nul pour tout le monde, à moins que les parieurs ne foient d'accord de le tenir pour bon; de même que par convention réciproque ils peuvent barrer pour eux.

La mife en jeu du joueur doit être couverte la premiere. (*)

C'eft ici le cas de rapporter quelques anecdotes qui ferviront à faire fentir la différence que l'on doit faire des événemens qui arrivent.

Le marqueur ayant laiffé dans la table la boëte aux dés, un de ceux du joueur tomba

---

(*) Si faute d'attention le joueur jouoit avant que fon jeu fût fait, il en réfulteroit l'embarras que voici. Tant que fon jeu n'eft pas fait, il ne peut pas jouer & quiconque ne joue pas ne peut pas tenir le cornet. Cependant d'autres peuvent avoir formé des parties féparées & fi leur jeu devoit être nul cela feroit très fâcheux au moins pour l'un des deux parieurs. Cette fituation peut donner lieu à des fupercheries. Pour y obvier & remettre les chofes en regle, il me femble qu'on devroit tirer du jeu féparé qui feroit le plus fort, de quoi couvrir la mife du joueur. Quand même la chance feroit à fon défavantage, il devroit le fouffrir; parce qu'il n'a pu jouer pour rien. Cela feroit égal à celui qui a tenu contre. Il n'y a que celui qui feroit pour qui pourroit y perdre; mais pourquoi fon jeu fe trouve-t-il en oppofition avec le jeu principal?

deffus;

deffus ; on fit rejetter ce dé de nouveau, fous le vain prétexte que cette boëte n'étoit pas du jeu. Cette décifion étoit fauffe parceque la boëte en queftion devoit à jufte titre être confidérée comme y appartenant, quoiqu'elle ne s'y fût trouvée qu'accidentellement cette foislà. Je dis plus, je ferois d'avis qu'elle y reftât toujours afin que chacun vît qu'effectivement le marqueur change les dés lorfqu'on les lui demande, & que d'ailleurs tout ce qui fert au jeu doit être foumis à la vue & à l'infpection de tout le monde.

Deux joueurs parioient gros entr'eux; A *pour* & B *contre*. Un autre joueur C prit le cornet & ne propofa qu'un foible jeu. Perfonne ne le couvrant, le jeu des deux autres étoit empêché; en forte que pour le faire aller, A prit le foible enjeu de C dans le fien. Sur le jet des dés B barra le coup qu'il auroit perdu, tandis qu'enfuite il le gagna.

Ce ne fut qu'après la féance qu'on s'avifa de contefter. On prétendit que n'ayant pas couvert la mife du joueur, B n'avoit pu barrer. Les perfonnes au jugement defquelles on s'en rapporta déclarerent le *barre* nul & deciderent qu'il devoit rendre l'argent. B

Je trouve qu'on a mal jugé; parce qu'il falloit examiner qui donc avoit le droit de barrer; parce qu'enfin ce droit appartient à deux perſonnes; ſavoir le Joueur & celui qui tient contre dans le fond du jeu. On ne peut pas dire que c'étoit à A parce qu'il eſt contre la nature d'admettre qu'une même perſonne puiſſe être pour & con- tre en même tems.

Si la miſe de C eût été couverte & fait tas à part, A auroit pu dire qu'il avoit ſait ce jeu par commiſſion; mais il a levé & confondù l'enjeu de C avec le ſien: donc on ne peut enviſager ſainement le jeu d'A que comme pris par C dans le ſien & non pas celui-ci dans le jeu de l'autre; parce que C étant maître du jeu ne pouvoit être ſubordonné à A. Ainſi par le fait B avoit le droit de barrer parce qu'il jouoit à fond de jeu contre C dont la miſe étoit compriſe dans le tas d'A.

Un joueur ayant lancé un dé ſeul, ſoit par gaillardiſe ou par précaution afin que le ſecond ne vînt pas le heurter, le prit, le mit à la vue de tout le monde ſur le chandelier & lança l'au- tre avec ſécurité. On déclara le coup nul, par la raiſon que ſi le joueur eût laiſſé le premier dé (qui étoit à ſon avantage) ſur la table, il auroit

pu faire faute. Cette décision étoit injuste, parce qu'on pouvoit prévenir & empêcher d'ôter ce
dé de sa place ; que ce déplacement n'influoit
en rien sur le hasard & enfin que ne l'ayant pas
empêché c'étoit avouer tacitement que l'on y con-
sentoit. On pourroit supposer à celui qui fit cette
réclamation l'intention de laisser perdre le joueur
& de l'empêcher de gagner. Au surplus il est criant
de prétendre ajouter des désavantages de fantaisie
à ceux que celui qui tient pour, a par la consti-
tution du jeu.

Ce n'est point ici comme dans les jeux d'a-
dresse & de commerce où l'adresse, l'intelligence &
l'attention comptent pour beaucoup. Les jeux
de pur hasard n'admettent de régles que celles
qui sont fondées sur le bon sens, qui tendent à y
établir la sureté & l'égalité la plus possible ; mais
là où il ne peut y avoir de tromperie il ne peut
y avoir de punition.

J'ai dit au commencement de ce chapitre que
celui qui tenoit pour, avoit toujours du désavan-
tage : J'ai également observé qu'on ne tenoit point
4 ni 10 à la main, à cause du grand avantage que
ces chances auroient pour le joueur ; cependant le
seul moyen d'égaliser ce jeu seroit de les admet-

tre en tirant les chances au hasard. Voici l'opération par laquelle je le prouve.

Dans trente jeux donnés par le hasard la probabilité est qu'il y en aura

3 de quatre à la main à 35 f. 2 d. $\frac{6}{7}$ par louis d'avant.. 105 f. 8 d. $\frac{4}{7}$		
4 de cinq à la main à 7 f. 3 d. $\frac{23}{63}$ par louis de désavantage...	29 f. 1 d.	$\frac{29}{63}$
5 de six à la main à 11 f. 2 d. $\frac{94}{99}$ par louis de désavantage...	56 2	$\frac{74}{99}$
6 de sept à la main à 6 f. 9 d. $\frac{5}{11}$ par louis de désavantage...	40 8	$\frac{8}{11}$
5 de huit à la main à 11 f. 2 d. $\frac{94}{99}$ par louis de désavantage..	56 2	$\frac{74}{99}$
4 de neuf à la main à 7 f. 3 d. $\frac{23}{63}$ par louis de désavantage..	29 1	$\frac{29}{63}$
3 de dix à la main à 35 f. 2 d. $\frac{6}{7}$ par louis d'av.....105 8 $\frac{4}{7}$		
	211 5 $\frac{1}{7}$	211 5 $\frac{1}{7}$

On voit que de trente événemens, six produiront une somme d'avantages parfaitement égale à celle des désavantages produite par les vingt-quatre autres. D'après cela on pourroit soupçonner que l'intention de l'inventeur de ce jeu étoit qu'il fût joué comme je le dis : puisqu'il est à supposer que son dessein étoit de le rendre égal.

Comme il s'est introduit dans ce jeu quantité de paris sur la solution des coups en un ou plufieurs jets & que les proportions tiennent à un calcul compliqué qui n'est point à la portée de tous les joueurs, qui sont cependant intéressés à en connoitre la valeur, je donne ci-après un tableau de ce qu'on peut y mettre.

TABLEAU

des proportions & des paris que l'on peut faire sur les événemens ci-après.

En donnant	Termes des solutions.	Proportions exactes.	Proportions les plus rapprochées de l'usage des paris.	Différences de celui qui tient pour la solution.
	Du premier coup.	5 contre 13	3 contre 8	avantage 4 f. $\frac{5}{6}$
5 & 9 à la main.	dans deux coups.	73 89	4 5	avantage 6 f.
	dans trois coups.	3391 . 2441	4 3	avantage 9 $\frac{2}{3}$
	Du premier coup.	11 contre 25	3 contre 7	avant. 5 f. $\frac{1}{3}$
6 & 8 à la main.	dans deux coups.	79 ... 83	1 1	défav. 11 f. $\frac{1}{4}$
	dans trois coups.	14495 . 8833	8 5	avantage 5 $\frac{7}{8}$
	Du premier coup.	1 contre 2	1 contre 2	égal.
7 à la main.	dans deux coups.	169 ... 155	1 1	avant. 20 f. $\frac{3}{4}$
	dans trois coups.	319 .. 167	2 1	défav. 9 f. x.

par tour

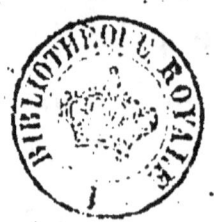

TABLEAU

des proportions & des paris que l'on peut faire fur les événemens ci-après.

Lorfque la chance eft décidée.	Termes des folutions.	Proportions exactes.	Proportions les plus rapprochées de l'ufage des paris.	Différences de celui qui tient pour la folution. par louis.
	du premier coup	7 contre 29	2 contre 9	avantage 12 f.
4 & 10 à 5	dans deux coups	455 .. 841	1 . . . 2	avantage 17 3/4
4 & 10 à 9	dans trois coups	22267 24389	8 . . . 9	avantage 6
4 & 10 à 6	du premier coup	2 contre 7	2 contre 7	égal
4 & 10 à 8	dans deux coups	32 . . 49	3 . . . 5	avantage 7 1/4
5 à 9 ou 9 à 5	dans trois coups	1369 . 1520	6 . . . 7	avantage 1f 5/6
4 ou 10 à 7 5 ou 9 à 8	du premier coup	1 . . . 3	1 contre 3	égal
5 ou 9 à 6	dans deux coups	7 . . . 9	7 . . . 9	égal
8 à 5 ou 9 6 à 5 ou 9	dans trois coups	37 . . 27	4 . . . 3	avantage 6 1/9
5 ou 9 à 7	du premier coup	5 contre 13	3 contre 8	avantage 4 5/6
7 à 5 ou 9	dans deux coups	155 . . . 176	6 . . . 7	avantage 6 1/2 2/3
8 à 8 ou 8 à 6	dans trois coups	7275 . 4394	8 . . . 5 ou 3 . . . 2	défavant. 7 3/4 avantage 22 1/2
6 à 7 ou 7 à 6	du premier coup	11 contre 25	3 contre 7	avantage 5 1/3
8 à 7 ou 7 à 8	dans deux coups	671 .. 625	1 contre 1	avantage 17
	dans trois coups	31031 15625	2 . . . 1	défavant. 1 1

LE PASSE-DIX,

Se joue avec trois dés qui produisent les deux cents seize variations suivantes.

1 maniere d'amener trois,	3 1 3	2 4 3	5 1 4	1 6 5
	3 2 2	2 5 2	5 2 3	2 4 6
1 1 1	3 1 1	2 6 1	5 3 2	2 5 5
3 man. d'amener quatre,	4 1 2	3 1 5	5 4 1	2 6 4
	4 2 1	3 2 4	6 1 3	3 3 6
1 1 2	5 1 1	3 3 3	6 2 2	3 4 5
1 2 1	21 man. d'amener huit,	3 4 2	9 3 1	3 5 4
2 1 1		3 5 1	27 man. d'amener onze,	3 6 3
6 man. d'amener cinq,	1 1 6	4 1 4		4 2 6
	1 2 5	4 2 3	1 4 6	4 3 5
1 1 3	1 3 4	4 3 2	1 5 5	4 4 4
1 2 2	1 4 3	4 4 1	1 6 4	4 5 3
1 3 1	1 5 2	5 1 3	2 3 6	4 6 2
2 1 2	1 6 1	5 2 2	2 4 5	5 1 6
3 1 1	2 1 5	5 3 1	2 5 4	5 2 5
2 2 1	2 2 4	6 1 2	2 6 3	5 3 4
10 man. d'amener six,	2 3 3	6 2 1	3 2 6	5 4 3
	2 4 2	27 man. d'amener dix,	3 3 5	5 5 2
1 1 4	2 5 1		3 4 4	5 6 1
1 2 3	3 1 4	1 3 6	3 5 3	6 1 5
1 3 2	3 2 3	1 4 5	3 6 2	6 2 4
1 4 1	3 3 2	1 5 4	4 1 6	6 3 3
2 1 3	3 4 1	1 6 3	4 2 5	6 4 2
2 2 2	4 1 3	2 2 6	4 3 4	6 5 1
2 3 1	4 2 2	2 3 5	4 4 3	21 man. d'amener 13,
3 1 2	4 3 1	2 4 4	4 5 2	
3 2 1	5 1 2	2 5 3	4 6 1	1 6 6
4 1 1	5 2 1	2 6 2	5 1 5	2 5 6
15 man. d'amener sept,	6 1 1	3 1 6	5 2 4	2 6 5
	25 man. d'amener neuf,	3 2 5	5 3 3	3 4 6
1 1 5		3 3 4	5 4 2	3 5 5
1 2 4	1 2 6	3 4 3	5 5 1	3 6 4
1 3 3	1 3 5	3 5 2	6 1 4	4 3 6
1 4 2	1 4 4	3 6 1	6 2 3	4 4 5
1 5 1	1 5 3	4 1 5	6 3 2	4 5 4
2 1 4	1 6 2	4 2 4	6 4 1	4 6 3
2 2 3	2 1 6	4 3 3	25 man. d'amener 12,	5 2 6
2 3 2	2 2 5	4 4 2		5 3 5
2 4 1	2 3 4	4 5 1	1 5 6	5 4 4

5 5 3	3 5 6	6 4 4	6 3 6	6 6 4.
5 6 2	3 6 5	6 5 3	6 4 5	3 man. d'a-
6 6 1	4 4 6	6 6 2	6 5 4	mener 17,
6 2 5	4 5 5	10 man. d'a-	6 6 3	5 6 6
6 3 4	4 6 4	mener 15,	6 man. d'a-	6 5 6
6 4 3	5 3 6	3 6 6	mener 16,	6 6 5
6 5 2	5 4 5	4 5 6	4 6 6	1 man. d'a-
6 1 6	5 5 4	4 6 5	4 5 6	mener 18,
15 man. d'a-	5 6 3	5 4 6	5 6 5	6 6 6.
mener 14,	6 2 6	5 5 5	6 4 6	
2 6 6	6 3 5	5 6 4	6 5 5	

Suivant le jeu ordinaire il faut deux points pareils pour décider le coup.

Il y a dans les deux cents seize variations, 48 coups de passe, 48 de manque, & 120 nuls ; ainsi le jeu est égal. Lorsqu'un banquier le tient, les points de 4 & de 17 sont pour son avantage ; en ce qu'il tire ce qui perd & ne paye pas ce qui devroit gagner. Cela lui fait un avantage de $3\frac{1}{8}$ pour cent, ou 15 f. par louis.

Le pari égal que ce sera fini du premier coup est de 4 contre 5.

En pariant 9 contre 4 que ce sera fini en deux coups, on a un avantage de cinq sous & demi par louis.

On peut jouer le passe-dix à toutes chances. Pour lors, le banquier a pour lui les points de 5 & de 16, ce qui lui fait un avantage de $2\frac{7}{9}$ pour cent ou 13 f. $\frac{1}{3}$ par louis.

LA ROULETTE

A quarante caſſes, vingt d'une couleur & vingt d'une autre. On fait circuler une boulequi fait gagner celle des deux couleurs, où elle s'arrête. Dans les vingt caſſes de chaque couleur il y en a une pour le banquier, qui a l'avantage lorſque la boule s'y arrête, de tirer ce qui a perdu, ſans payer celle qui devroit gagner. Cela lui fait un objet de $2\frac{1}{2}$ pour cent ou douze ſ. par louis.

LE TRENTE ET QUARANTE.

Le trente & quarante fe joue avec fix jeux de cartes complets. On tire deux points qui ne peuvent être moins que trente-un, & pas plus que quarante. La premiere extraction eft pour la noire, & la feconde pour la rouge. Le point qui approche le plus près de trente-un fait gagner la couleur pour laquelle il eft.

Ce jeu eft parfaitement égal, au refait de trente-un près qui fait l'avantage du banquier, en ce qu'il tire la moitié de ce qui eft aux deux couleurs. C'eft un objet de $1 \frac{1861}{6589}$ pour cent, ou 6 f. 2 d. $\frac{1}{4}$ par louis.

Il eft de tous les jeux de hafard celui qui eft le moins défavantageux aux pontes, & le plus honnête par la franchife avec laquelle il fe fait de part & d'autre.

On n'a point encore calculé le fond de ce jeu d'une maniere exacte. Tout ce qu'on en fait eft établi fur des fuppofitions qui me paroiffent peu fondées. Soit qu'on les ait tirées de différentes remarques, la diverfité des opinions fait voir qu'elles n'ont pas donné les mêmes réfultats.

Les uns eftiment que le refait de trente-un doit

arriver tous les vingt-sept coups, d'autres tous les trente-quatre; mais il ne peut arriver si fréquemment, surtout en le comparant avec celui de quarante qu'on prétend devoir arriver tous les trois cents coups. Si cette derniere supposition étoit juste, il me paroit que le refait de trente-un devroit être d'autant plus rare; & si au contraire celui-ci arrivoit tous les vingt-sept ou tous les trente-quatre coups, celui de quarante seroit encore infiniment plus rare que je ne le suppose. L'un & l'autre ne peuvent être justes ensemble. L'impossibilité en est évidente par tous les refaits en général, qui, arrivant dans une même proportion, rempliroient une grande partie de la taille, ensorte qu'il y auroit beaucoup moins de coups décisifs : On sent que cela ne peut être, & que dans vingt-huit à trente coups qui résultent des trois cents douze cartes, il y en a régulierement 25 à 27 de bons.. (*)

Le seul principe sur lequel on puisse établir la fréquence & la rareté des différens coups, est ce-

---

(*) Il est impossible qu'il y ait plus de 32 coups & moins de 25 dans les 312 cartes. Le nombre commun est de 26 coups décisifs & de 3 refaits. Il est rare que l'événement s'écarte beaucoup de cela.

lui-ci. Il faut obferver que des dix points de trente-un à quarante, les uns arrivent plus facilement que les autres. Par exemple celui de quarante ne peut fe faire que quand la derniere carte eft un 10.

Celui de neuf par . . . 10 & 9.
Celui de huit par . . . 10. 9. & 8.
Celui de fept par . . . 10. 9. 8. & 7.
Celui de fix par . . . 10. 9. 8. 7. & 6.
Celui de cinq par . . . 10. 9. 8. 7. 6. & 5.
Celui de quatre par . . 10. 9, 8. 7. 6. 5. & 4.
Celui de trois par . . 10 9. 8. 7. 6. 5. 4. & 3.
Celui de deux par . . 10. 9. 8. 7. 6. 5. 4. 3. & 2.
Celui de trente-un par. 10. 9. 8. 7. 6. 5. 4. 3. 2 & 1.

Les différens arrangemens qui peuvent fe trouver dans les cartes avant qu'on en vienne à la derniere, n'ont prefque plus d'influence dans le fort, & le peu ne peut occafionner de différence. Il eft tel, que fi on jouoit de 41 à 50 il feroit abfolument nul : au contraire, fi on jouoit de 21 a 30 il feroit pour beaucoup; de 11 à 20, il feroit prefque tout ; & de 1 à 10, mon fyftême difparoitroit.

Comme il eft évident que les effets fe reproduisent en raison du nombre de leurs causes, le point de trente-un arrivera 13 fois, pendant que celui de trente-deux n'arrivera que . 12

Celui de trente-trois que 11

Celui de trente-quatre que . . . 10

Celui de trente-cinq que 9

Celui de trente-six que 8

Celui de trente-sept que 7

Celui de trente-huit que 6

Celui de trente-neuf que 5

Celui de quarante que 4

Comme il faut le concours de deux de ces points pour former un coup & que le nombre proportionnel ci-dessus se monte à quatre-vingt cinq, le quarré de cette somme sera la quantité où tous les différens événemens se reproduiront en raison du nombre des causes qui leur appartiennent.

Ainsi dans 7225 coups

31 & 31 arrivera 169 fois	31 & 37 arrivera 91 fois
31 & 32 . . 156	31 & 38 . . 78
31 & 33 . . 143	31 & 39 . . 65
31 & 34 . . 130	31 & 40 . . 52
31 & 35 . . 117	32 & 31 . . 156
31 & 36 . . 104	32 & 32 . . 144

32 & 33 arrivera 132 fois	35 & 37 arrivera 63 fois
32 & 34 . . 120	35 & 38 . . 54
32 & 35 . . 108	35 & 39 . . 45
32 & 36 . . 96	35 & 40 . . 36
32 & 37 . . 84	36 & 31 . . 104
32 & 38 . . 72	36 & 32 . . 96
32 & 39 . . 60	36 & 33 . . 88
32 & 40 . . 48	36 & 34 . . 80
33 & 31 . . 143	36 & 35 . . 72
33 & 32 . . 132	36 & 36 . . 64
33 & 33 . . 121	36 & 37 . . 56
33 & 34 . . 110	36 & 38 . . 48
33 & 35 . . 99	36 & 39 . . 40
33 & 36 . . 88	36 & 40 . . 32
33 & 37 . . 77	37 & 31 . . 91
33 & 38 . . 66	37 & 32 . . 84
33 & 39 . . 55	37 & 33 . . 77
33 & 40 . . 44	37 & 34 . . 70
34 & 31 . . 130	37 & 35 . . 63
34 & 32 . . 120	37 & 36 . . 56
34 & 33 . . 110	37 & 37 . . 49
34 & 34 . . 100	37 & 38 . . 42
34 & 35 . . 90	37 & 39 . . 35
34 & 36 . . 80	37 & 40 . . 28
34 & 37 . . 70	38 & 31 . . 78
34 & 38 . . 60	38 & 32 . . 72
34 & 39 . . 50	38 & 33 . . 66
34 & 40 . . 40	38 & 34 . . 60
35 & 31 . . 117	38 & 35 . . 54
35 & 32 . . 108	38 & 36 . . 48
35 & 33 . . 99	38 & 37 . . 42
35 & 34 . . 90	38 & 38 . . 36
35 & 35 . . 81	38 & 39 . . 30
35 & 36 . . 72	38 & 40 . . 24

39 & 31 arrivera	65 fois	40 & 31 arrivera	52 fois
39 & 32 . .	60	40 & 32 . .	48
39 & 33 . .	55	40 & 33 . .	44
39 & 34 . .	50	40 & 34 . .	40
39 & 35 . .	45	40 & 35 . .	36
39 & 36 . .	40	40 & 36 . .	32
39 & 37 . .	35	40 & 37 . .	28
39 & 38 . .	30	40 & 38 . .	24
39 & 39 . .	25	40 & 39 . .	20
39 & 40 . .	20	40 & 40 . .	16

Dans ces sept mille deux cents vingt-cinq coups, il y a huit cents cinq refaits; cela revient à un dans huit ou neuf coups ou environ sept dans deux tailles.

Il résulte qu'un refait de trente-un arrivera dans   42 ou 43 coups (*)

    Celui de trente-deux dans . .   50 ou 51

    Celui de trente-trois dans . .   59 ou 60

    Celui de trente-quatre dans .   72 ou 73

    Celui de trente-cinq dans . .   89 ou 90

    Celui de trente-six dans . .   112 ou 113

    Celui de trente-sept dans . .   147 ou 148

    Celui de trente-huit dans . .   200 ou 201

    Celui de trente-neuf dans . .   289

    Celui de quarante dans . .   451 ou 452

(*) En disant que le refait de 31 arrivera tous les 42 ou 43 coups ; j'y comprens les autres refaits qui sont nuls. En les déduisant on trouvera qu'il doit arriver tous les 38 ou 39 coups décisifs.

Pour s'affurer de la jufteffe de ces probabilités il fuffit de voir, felon mon premier principe, combien il y a à parier pour le premier point, enfuite multiplier la fomme par le rapport du paroli, & on la trouvera jufte. Par exemple pour le refait du trente-un, il y a 13 contre 72, ou 1 contre $5\frac{7}{13}$ pour le premier point; la fomme du paroli fera de $42\frac{127}{169}$. Otant un de mife, il refte 1 contre $41\frac{128}{169}$ à parier que le coup ne fera pas trente un & trente-un.

Proportions de ce que le banquier pourroit donner ou recevoir d'accommodement fur la connoiffance du premier point.

Lorfqu'on eft fur la noire.

	liv.	f.	d.	
Sur le point de 31 le banquier devroit donner (*)	18	9	10	$\frac{10}{17}$
de 32	13	8	2	$\frac{14}{17}$
de 33	6	15	6	$\frac{6}{17}$
de 34		16	11	$\frac{5}{17}$
de 35 on devroit donner au banquier	4	10	4	$\frac{4}{17}$ par louis
de 36	9	6	4	$\frac{4}{17}$
de 37 . . , ...	13	11		$\frac{12}{17}$
de 38	17	4	5	$\frac{11}{17}$
de 39	20	6	7	$\frac{1}{17}$
de 40	22	17	4	$\frac{16}{17}$

(*) Sans l'avantage du 31 le banquier devroit donner à la noire 20 liv. 6 f. 7 d. au lieu de 18 liv. 9 f. 10 d., de même ne recevoir à la rouge que 20 lv. 6 f. 7 d, au lieu de 22 liv. 3 f. 3 d.   Lorfqu'on

Lorſqu'on eſt ſur la rouge.

par louis,

Sur le point de 31 on devroit donner au banquier 22	3	3	$\frac{9}{17}$
de 32 13	8	2	$\frac{14}{17}$
de 33 6	15	6	$\frac{6}{17}$
de 34	16	11	$\frac{5}{17}$
de 35 le banquier devroit donner 4	10	4	$\frac{4}{17}$
de 36 9	6	4	$\frac{4}{17}$
de 37 13	11		$\frac{12}{17}$
de 38 17	4	5	$\frac{11}{17}$
de 39 20	6	7	$\frac{1}{17}$
de 40 22	17	4	$\frac{10}{17}$

De pareils arrangemens ne font fuſceptibles des proportions ci-devant que lorſqu'il n'y a que le premier point de tiré ; car ſi quelques cartes du ſecond étoient déjà abatues, cela changeroit la ſituation du jeu.

Dans la bonne régle, la derniere carte du talon ne devroit pas compter, par la raiſon qu'elle eſt connue : de plus comme on peut ſpéculer ſur le dernier coup, l'égalité du jeu eſt rompue ; parce que toutes les fois que le dernier coup finit par la derniere carte, il eſt preſque toujours probable que la rouge gagnera de préférence à la noire. Si c'eſt même un neuf, la rouge ne peut avoir au-delà de trente-neuf tandis que la noire peut avoir jufqu'à quarante.

Il ne peut exifter aucune marche, aucune maniere de jouer pour gagner furement ; pas même pour ôter la moindre portion de l'avantage du banquier. A la longue tous les événemens s'égalifent, & le banquier ayant plus de chances en fa faveur que le ponte doit gagner abfolument. Si un joueur a eu le bonheur de faire un gros coup, il le reperdra en détail, de même que ce qu'on aura gagné avec une martingale on le reperdra en gros ; par ce que telle grande qu'elle foit, elle fautera dans une proportion égale à ce qu'elle peut rapporter.

Il ne faut pas qu'un joueur fe fie à l'expérience trompeufe de quelques centaines de tailles : en eût-il des mille, à force de les retourner il trouvera à y adapter une marche (*) qui n'auroit

(*) Le nombre des marches que l'on peut compofer eft prodigieux ; puifque fur une fuite de 26 coups il y en a 67, 108,864. C'eft-à-dire qu'il y a 67,108,864 manieres dont une taille compofée de vingt-fix coups peut arriver. Telle maniere poffible que l'on voudroit déterminer en a 67,108, 863 autres contre elle, qui toutes font également poffibles. Dans ce nombre il n'y a qu'une chance pour que la taille foit tout coups de rouges, une tout coups de noires, une tout intermittente commencée par rouge, une tout intermittente commencée par noire. A force de tailler il

point manqué ; mais dès qu'il voudra la mettre en pratique, il rencontrera un hazard qui le mettra dans le nombre de ceux qui calculent continuellement & qui perdent toujours.

Si un joueur a eu la chance de doubler, de tripler, de quadrupler fa martingale, fans fauter, il ne faut pas s'imaginer que fa méthode vaille mieux pour cela : ce n'eft pofitivement que la

---

eft probable que ces événemens que l'on regarde comme impoffibles à caufe de leur uniformité fe montreront quelque jour, mais la période dans laquelle on peut les attendre eft bien longue ; car fuppofez qu'on fît régulierement dix tailles par jour il faudroit un efpace d'environ dix-huit mille cinq cents ans pour les voir une feule fois.

Pour traiter la chofe en petit, il y a foixante quatre manieres dont une fuite de fix coups peut fe produire ; de là vient qu'il y a 63 contre 1 à parier qu'on ne gagnera pas fix coups de fuite. S'il y avoit foixante-quatre joueurs qui tinffent chacun une marche différente, à toute révolution il y en auroit un qui gagneroit ce que les foixante-trois autres perdroient, ou bien un joueur qui répéteroit fon jeu 64 fois gagneroit probablement en une ce qu'il perdroit dans les 63 autres ; parce que dans l'ordre des événemens on doit confidérer comme la même chofe 64 joueurs pour un feul coup ou 64 coups pour un feul joueur. Il n'eft que probable & non pas certain qu'en 64 jeux on en gagnera un de 6 coups de fuite ; mais le plus fouvent cela arrivera. Et puifqu'on peut le gagner dès la premiere fois, & par conféquent épargner la perte des 63 autres, ou bien le gagner plufieurs fois dans cet efpace, de même auffi il faut qu'il arrive quelquefois qu'on perde au delà avant que de gagner à la longue ; le retard des uns compenfera l'avance des autres,

même mefure de bonheur, comme de gagner un paroli, un fept & le va, &c.

Toutes les progreffions reviennent au même; & celle qui augmente le plus ne fait que faire jouer plus gros; celui qui croit ne jouer qu'à un louis, parce que le premier coup de fa martingale commence par là, en joue véritablement plus; par exemple, fi elle eft de fix coups & qu'elle fe monte à 120 louis, par la continuation, chacun reviendra l'un parmi l'autre à 5 louis & $\frac{1}{9}$, de forte que fans martingaler, s'il eût joué coup par coup cinq louis & un neuvieme, cela feroit revenu abfolument au même, & par la continuation il auroit perdu autant d'une façon que de l'autre. Ceci n'exclut point la poffibilité momentanée de gagner, parce que pour un ou peu de coups l'avantage du banquier n'eft rien; mais feulement qu'à la longue on doit finir par payer le plaifir qu'on a eu ou la peine qu'on s'eft faite.

Le trente & quarante ne comporte point de fauffe taille. Soit que le banquier fe trompe en comptant, comme tous les pontes comptent avec lui, ils peuvent le reprendre : une carte tirée de trop eft réfervée & vaut pour le point fuivant : n'ayant pas à craindre, comme au Pharaon, la fpéculation des joueurs de figures, le banquier détache les cartes trop à découvert & trop librement pour pouvoir être fufpecté : auffi de deux cartes tombantes enfemble on voit toujours évidemment quelle eft celle des deux qui doit fervir la premiere. Il eft fenfible que s'il y avoit fauffe-taille dans de pareils cas, on la feroit naître à chaque inftant ; parce que les cartes paffant par toutes les mains, on pourroit les coller exprès.

La feule circonftance où l'on pourroit faire quelques difficultés, feroit fi le banquier ne finiffoit pas la taille ; parce qu'il eft d'ufage de tailler à fond & même de montrer avec évidence que le refte des cartes ne peut pas faire un coup. Je n'en infére pas que ce feroit fauffe-taille s'il manquoit de donner cette fatisfaction aux pontes ; parce que, comme je l'ai déjà dit, là où il ne peut y avoir de tromperie, il ne peut y avoir de punition. Et il ne peut y avoir en cela de tromperie ; puifque l'événement eft incertain & que le nombre de cartes qu'il faut pour le décider écarte l'idée du foupçon qui autorife la fauffe-taille au Pharaon, où une feule carte décidant du fort, le banquier peut être foupçonné de la connoître :

C 3

en outre comme le ponte ne peut retirer fa carte quand il le veut, de même auffi le banquier ne peut renoncer à la partie fans la perdre. Au trente & quarante au contraire chaque coup forme une nouvelle partie, & fi on vouloit parler d'inégalité, cette raifon feroit au préjudice du banquier qui en refufant de jouer, fe priveroit de l'avantage du refait de trente-un s'il arrivoit.

A aucun jeu, jamais le banquier ne peut fe prévaloir du faut de fa banque pour fe difpenfer de payer complettement, parce qu'avant de tirer le coup, c'eft à lui à voir s'il peut perdre autant qu'il peut gagner : eût-il moins en banque qu'il n'y a fur le jeu, du moment qu'il tient le coup il reconnoit tacitement qu'il fait bon.

Il dépend du banquier de régler & de borner fon jeu comme il lui plait ; parce que dans aucun cas un joueur ne peut obliger l'autre à jouer plus gros qu'il ne veut. Tout ce qu'on pourroit faire contre un banquier qui feroit déraifonnable, ou fi les régles qu'il établiroit ne convenoient point, ce feroit de ne pas jouer du tout contre lui.

LE PHARAON

Se joue avec un jeu de cartes complet ; la premiere eſt pour le banquier & l'autre pour le ponte.

Le déſavantage conſiſte dans les doublets & dans la derniere carte. Il y a communément trois doublets dans deux tailles. Si tout le jeu étoit joué également, l'avantage du banquier ſeroit de $3\frac{23}{29}$ pour cent, ou 17 ſ. $\frac{1}{4}$ par louis ; mais comme il ne l'eſt point, & que la probabilité des doublets, de la derniere carte, & la ſituation de chaque jeu varient tous les coups, on ne peut l'apprécier au juſte.

Excepté lorſqu'une carte eſt encore quatre fois dans le jeu, il eſt peu de poſitions où le riſque de tomber à la derniere carte ne ſoit plus grand que le déſavantage d'eſſuyer un doublet. Il dépend du ponte de diminuer le haſard de celui-ci ; par exemple s'il choiſit la carte de face ou la carte Anglaiſe. Il eſt moindre ſur celles-là que ſur d'autres qui ne ſont point encore ſorties. Le contraire arrive lorſque beaucoup de cartes ſont tirées & que quatre ſemblables ſont encore dans

C 4

le jeu ; alors il augmente en proportion du tems qu'elles restent encore sans sortir.

Le pharaon est très amusant par l'illusion que font les parolis & autres plis qui empêchent de s'appercevoir de ce qu'on joue ; le beau de ce jeu étant de chercher à faire de grands coups, tel qui risque un sept ou un quinze-leva, ne l'exposeroit peut-être pas s'il voyoit la somme en especes. Sur la fin de la taille, le banquier annonce ordinairement qu'il n'y a plus beaucoup de cartes, afin de prévenir ceux qui voudroient encore mettre, de ne pas faire un jeu trop défavantageux.

Toute carte qui a souffert taille doit rester jusqu'à ce que le sort en soit décidé. Un jeu fait ne peut non plus se changer ni se transporter.

TABLEAU

de la progression des désavantages.

Lorsqu'il y a encore	Lorsque celle qu'on joue n'y est plus qu'une fois. par louis.			deux fois. par louis.			trois fois. par louis.			quatre fois. par louis.		
	liv.	f.	d.	liv.	f.	d.	liv.	f.	d.	liv.	f.	d.
52 cartes		. . .			. . .			7	3		9	10
50 . .		9	9		4	11		7	7		10	3
48 . .		10	2		5	1		7	11		10	8
46 . .		10	8		5	4		8	2		11	3
44 . .		11	1		5	7		8	8		11	10
42 . .		11	8		5	11		9	2		12	3
40 . .		12	3		6	2		9	8		13	1
38 . .		12	11		6	6		10	2		13	11
36 . .		13	8		6	11		10	10		14	11
34 . .		14	6		7	4		11	6		15	9
32 . .		15	5		7	10		12	3		16	10
30 . .		16	6		8	5		13	2		18	1
28 . .		17	9		9			14	3		19	7
26 . .		19	2		9	9		15	5	1	1	4
24 . .	1		10		10	8		16	11	1	3	5
22 . .	1	2	10		11	8		18	9	1	5	11
20 . .	1	5	3		12	11	1		11	1	9	1
18 . .	1	8	2		14	6	1	4	5	1	11	
16 . .	1	12			16	6	1	7	3	1	18	6
14 . .	1	16	11		19	2	1	12	2	2	5	11
12 . .	2	3	7	1	2	10	1	19	4	2	16	11
10 . .	2	13	4	1	8	2	2	10	6	3	14	10
8 . .	3	8	6	1	16	11	3	10	9	5	9	5
6 . .	4	16		2	13	4	6			10	5	
4 . .	8			4	16		la moitié sûre					
2 . .	tout											

Le Banquier fait fauſſe taille lorſqu'il met deux cartes de ſuite ſur un même tas ; lorſqu'il ne taille pas à fond, ſans des motifs valables, tels que les cas d'une couche trop forte ou que les fonds lui manquent, ou enfin de rumeur & de déſordre à la partie. Il fait également fauſſe taille par quelques mouvemens ſuſpects, comme en reportant ſur le talon une carte qui en étoit déjà détachée. Il ne ne faut pas confondre cette derniere action avec celle de tirer deux cartes qui tiennent quelquefois enſemble ; car en les tenant ſéparées du talon et les détachant bien évidemment dans leur ordre, il n'y a rien contre la régle.

Une loi auſſi ſévere eſt établie pour forcer le banquier à ſe mettre dans le cas de n'être jamais ſoupçonné d'infidélité. Lorſqu'il fait fauſſe taille il eſt obligé de payer tout le jeu de la même maniere que ſi toutes les cartes euſſent gagné (*) : c'eſt-à-dire celles qui ſe trouvent ſur table au moment que la fauſſe taille eſt reconnue ; car tout ce qui eſt paſſé eſt bon en perte comme en

---

(*) Il me ſemble que pour rendre la loi contre la fauſſe taille encore plus légitime, il devroit y en avoir une de réciprocité contre les faux jeux. Cette derniere ſeroit bien auſſi néceſſaire que la premiere, car je crois qu'il y a plus de pontes qui trompent les banquiers que de banquiers qui trompent les pontes.

gain; une carte de plus ou de moins dans le jeu n'eſt pas fauſſe taille, parce que cet événement eſt plus en faveur du ponte que du banquier qui perd par là ſa derniere carte & conſéquemment la plus forte portion de ſon avantage.

LE BIRIBI

Eſt une lotterie de ſoixante & dix numéros deſquels on en tire un.

Le tableau ſur lequel on joue eſt ordinairement diſtribué de la maniere ſuivante:

1	9	17	25		39	47	55	63
2	10	18	26	33	40	48	56	64
3	11	19	27	34	41	49	57	65
4	12	20	28	35	42	50	58	66
5	13	21	29	36	43	51	59	67
6	14	22	30	37	44	52	60	68
7	15	23	31	38	45	53	61	69
8	16	24	32		46	54	62	70

Les chances les plus connues font:

Le plein ; c'eft-à-dire un feul numero pour lequel on rend 64 fois la mife.

Deux numéros à cheval. On rend trente-deux fois la mife.

Le petit quarré ; c'eft-à-dire quatre numéros en quarré ; on rend 16 fois la mife.

La colonne. C'eft-à-dire les huit numéros qui fe trouvent fur une même ligne. On rend 8 fois la mife. Comme il n'y a que fix numéros à celle du banquier, lorfque 33 ou 38 fortent on paye double.

Deux colonnes à cheval. On rend 4 fois la mife.

Les terminaifons ; c'eft-à-dire les numéros qui finiffent par zéro, neuf, huit, &c. fe payent huit fois la mife ; mais comme il n'y a que fept numéros de chaque terminaifon, lorfqu'elles font produites par les unités, 1, 2, 3, 4, 5, 6, 7, 8, 9, 10, on les paye doubles.

Deux terminaifons à cheval fe payent quatre fois.

Les grands & petits côtés ; on entend par petit côté les numéros de 1 à 32, & par grand côté de 39 à 70. On rend deux fois la mife.

Les pairs & impairs des grand & petit côtés; se payent quatre fois la mise.

Les pairs & impairs de tout le jeu. On rend 2 fois la mise; mais lorsqu'un des numéros du banquier sort il ne paye rien.

La bordure. On entend par-là les 28 numéros qui bordent le tableau. On rend deux fois la mise; 33 & 38 se payent doubles, ou bien 33 & 38 n'y sont pas compris & pour lors ce sont 1, 8, 63, 70, qui se payent doubles.

L'intérieur. C'est-à-dire les 40 numéros qui forment le centre du tableau; on rend 8 sur 5 de mise; 33 & 38 n'y sont pas compris.

On pourroit jouer les colonnes transversales en rendant 8 fois la mise, & ne payant pas le numéro du Banquier : de même que les grands quarrés; c'est-à-dire les 16 numeros qui sont à chacun des quatre coins du tableau & les payer 4 fois la mise.

On voit que ce jeu est arrangé de maniere que le banquier ne paye jamais que sur le pied de 64 sur 70 de mise, ce qui lui fait un avantage de $8\frac{4}{7}$ pour cent ou 2 liv. 1 s. 8 d. $\frac{4}{7}$ par louis.

LE LOTTO

Eſt compoſé de quatre-vingt dix numéros deſquels on tire cinq.

L'idée de ce jeu eſt due à des paris que quelques particuliers firent entr'eux à l'occaſion de
l'élection des cinq Sénateurs Génois. Comme cette élection ſe faiſoit par la voie du ſort, les ga-
geures pouvoient donner plus ou moins d'inté-
rêt en proportion du nombre des candidats. On
haſardoit de petites ſommes pour en gagner de
plus fortes. Le profit étoit proportionné à la difficulté du pari. Il étoit moins grand pour le nom
d'un ſeul candidat que quand on parioit pour deux
noms liés enſemble, moins conſidérable encore
que pour la rencontre de trois, & ainſi en proportion juſqu'à quatre & cinq.

Ces combinaiſons différentes, où le ſort étoit
lié à un, à deux, à trois, à quatre & à cinq
noms, font ce qu'on appelle aujourd'hui extrait, ambe, terne, quaderne & quine, & ces
cinq dénominations repréſentent les différens
dégrés de haſard dans chaque pari.

Le nombre prodigieux d'inſtructions dont les
entrepreneurs de ce jeu ont pris à tâche d'inon-

der le public me difpenfent de parler des manieres de le jouer. Je me bornerai à en expofer les proportions.

Les 90 nombres forment: 90 extraits fimples.

450 extraits déterminés.

4005 ambes fimples.

80100 ambes déterminés.

117480 ternes.

2555190 quadernes.

43949268 quines.

Les cinq numéros que l'on en tire donnent:

5 extraits fimples.

5 extraits déterminés.

10 ambes fimples.

10 ambes déterminés.

10 ternes.

5 quadernes.

1 quine.

Pour que les gains fuffent proportionnés aux hafards, il faudroit rendre aux gagnans :

18 fois la mife fur l'extrait fimple.

90 . . . . l'extrait déterminé.

$400 \frac{1}{2}$ . . . l'ambe fimple.

8010 . . . . l'ambe déterminé.

11748 . . . . . le terne.

511038 . . . . le quaderne.

43949288 . . . . le quine.

Les taux des gains fixés par les banquiers font de (*)

15 fois la mife fur l'extrait fimple.

70 . . . . . l'extrait déterminé.

270 . . . . . l'ambe fimple.

5100 . . . . . l'ambe déterminé.

5500 . . . . le terne.

70000 . . . . le quaderne.

1000000 . . . . le quine.

C'eft-à-dire 3 de moins que la proportion

. . . . fur l'extrait fimple.

20 , fur l'extrait déterminé.

130 $\frac{1}{1}$ . . fur l'ambe fimple.

2910 . . . fur l'ambe déterminé.

6248 . . . fur le terne.

441038 . . . fur le quaderne.

42949268 . . . fur le quine.

Il feroit difficile d'imaginer la raifon des grandes difproportions qui fe trouvent entre les lots & les hafards que l'on court pour les gagner;

(*) Ces fixations font d'après ce qu'on paye à Paris. Celles des autres lottos different de très peu de chofe.

par

par exemple, pourquoi on donne moins pour l'ambe que pour l'extrait, moins encore pour le terne, encore beaucoup moins pour le quaderne, & infiniment moins pour le quine & pourquoi furtout, ces lots diminuent dans une gradation fi prodigieufe?

Pour expofer d'une maniere que tout le monde puiffe comprendre à quoi l'efpérance des joueurs eft réduite par ces défavantages, il faut confidérer qu'un écu de 60 fous placé fur l'extrait fimple ne concourt dans le hafard de gagner que pour . . . . 50 fous.

Sur l'extrait déterminé que pour   46 f. 8 d.

Sur l'ambe fimple que pour . .   40 f. 5 d.

Sur l'ambe déterminé que pour .   38 f. 2 d.

Sur le terne que pour . . . .   28 f. 2 d.

Sur le quaderne que pour , . ,   8 f. 2 d.

Et fur le quine que pour . . .   1 f. 4 d.

Il n'eft point de jeu plus pernicieux que le Lotto. Outre le grand défavantage qu'il y a pour le ponte, c'eft qu'on rifque encore de n'être pas payé en cas de gain. On ne peut jamais rien favoir de pofitif fur la folidité de ces établiffemens, & le mieux fondé ne peut l'être de maniere à payer ce qu'il peut phyfiquement perdre.

D

Les jeux aux banques publiques ne font pernicieux que par l'abus qu'on en fait. Ils font tolérables & même en quelque forte néceffaires dans de certains endroits, tels que les bains où les étrangers abondent, & cela pour faire diverfion à leur défœuvrement, pour les empêcher de faire des parties fecretes, & de fe livrer à des grecs qui n'y viennent que pour faire des dupes & les dépouiller dans un inftant de tout ce qui auroit fuffi à leurs divertiffemens pendant plufieurs mois. Lorfque les parties publiques font bien réglées, il y régne une forte de bienféance qui n'y laiffe approcher que ceux qui peuvent décemment y prendre part. Le lotto au contraire femble être fait pour porter le défordre dans tous les états: tel négociant qui n'oferoit rifquer un écu à un jeu public de peur de fe compromettre, fe ruine au lotto dans le filence du cabinet: il eft à la portée du pauvre qui, fous un appât funefte & illufoire, y perd le fruit de fon travail; le domeftique après y avoir perdu fes gages vole fon maître pour tâcher de regagner &c.

La pratique infidieufe de publier la collection des numéros fortis eft le plus dangereux appât auquel les fots fe prennent.

On publie avec emphafe 70000 pour un; mais on fe garde bien de dire la mefure de la difficulté qu'il y a de l'obtenir. C'eft bien ici le cas de rappeller l'infcription qu'on trouva fur la porte de l'hôtel ci-devant de la Compagnie des Indes, & aujourd'hui de la Loterie royale.

Dans ces lieux où Colbert enrichiffoit la France,
Mercure à des benêts vend bien cher l'efpérance.

www.ingramcontent.com/pod-product-compliance
Lightning Source LLC
Chambersburg PA
CBHW070958240526
45469CB00016B/1605